HORN REPERTOIRE

POULENC
Elégie pour cor et piano
Notes sur l'interprétation par Nobuaki Fukukawa

プーランク
エレジー
ホルンとピアノのための

福川伸陽 解説

音楽之友社

Elégie pour cor et piano
エレジー ――― 2

Notes sur l'interprétation (Nobuaki Fukukawa)
演奏のために（福川伸陽）――― 11

Glossary
楽語対訳一覧 ――― 15

Source:
Francis Poulenc, *Elegie for Horn and Piano*
J & W Chester, London, 1958, Plate: J. W. C. 1607

当版は上記初版のスコア及びパート譜を底本として比較検討した音楽之友社のオリジナル版です。明らかな誤りは訂正し、底本で欠落していると思われる記号は［　］内に示した他、補足的な情報を脚注で補っています。

ONGAKU NO TOMO EDITION

In memory of DENNIS BRAIN

Elégie

pour cor et piano

Francis Poulenc, FP 168
(1957)

* [horn & piano: bar 9] first edition, score: ♩=123, part: ♩=132

* [horn: bar 47] first edition, part: **pp** on beat 1   ** [piano: bar 57 and 59] slur: cf. bar 88, piano and bar 140, horn

*** [horn: bar 60] first edition, part: **ppp**

* [horn: bar 65] first edition, score: ♩ ♪𝄾

* [piano, left hand: bar 113, beat 3] first edition, score: cf. bar 146.

* [piano, right hand: bar 132] first edition: (erroneous: beat 1, quater notes without dots)

HORN
REPERTOIRE

POULENC
Elégie pour cor et piano

Notes sur l'interprétation par Nobuaki Fukukawa

プーランク
エレジー
ホルンとピアノのための

福川伸陽 解説

Horn

音楽之友社

In memory of DENNIS BRAIN

Elégie
pour cor et piano

Francis Poulenc, FP 168
(1957)

* [horn & piano: bar 9] first edition, score: ♩=123, part: ♩=132   * [horn: bar 47] first edition, score: *pp* on beat 2

* [horn: bar 60] first edition, score: *p*   **[horn: bar 65] first edition, score: ♩ ♪ 𝄾

* [piano, left hand: bar146] first edition: [musical notation] cf. bar 113

演奏のために

福川 伸陽

プーランクの《エレジー (*Elégie*) FP168》は、1957年9月1日に交通事故で若くして亡くなった伝説のホルン奏者デニス・ブレイン（Dennis Brain, 1921-1957）の思い出に捧げられた作品です。オーケストラ奏者としてだけではなくソロ・ホルン奏者としても活躍し、彼のためにベンジャミン・ブリテン（Benjamin Britten, 1913-1976）が《テノールとホルンと弦楽器のためのセレナーデ (*Serenade for Tenor, Horn and Strings, Op. 31*)》(1943)を書き、ヒンデミットが《ホルン協奏曲 (*Konzert für Horn und Orchester*)》(1949)の初演を託すなど、演奏家のみならず作曲家からの信頼も篤かったブレインは当時36歳。エディンバラ音楽祭からロンドンへの帰路、愛車のトライアンフTR2を運転中に起きた事故の報は瞬く間に世界をめぐり、音楽界は深い悲しみの色に包まれました。プーランクのこの《エレジー》も、そうした悲しみに寄り添うものです。

この時プーランクは58歳。《フルート・ソナタ FP164》(1957)を完成させ、未完に終わった《ファゴット・ソナタ FP166》に着手するもうまく筆が進まず、という時期であり、ブレインの訃報以外にも長年の友人だったクリスチャン・ディオール（Christian Dior, 1905-1957）の死や、長年彼のもとで働いていた料理人の重病、そして自身の体調不良などプーランクの生活全体を重い影が覆っていた中で、1957年12月に作品は完成しています。

このような背景をもつ作品はメロディに溢れている音楽とは言えず、近づきがたい印象を持つ方がいらっしゃるかもしれません。私自身も最初はそう思っていたのですが、作品がもつメッセージ性の強さに気づいてからは大きく見方が変わりました。「亡くなった若い友人に捧げられた」作品の重みは人生経験を重ねなければ表現しきれない部分が残るかもしれませんが、たとえそうした経験がないとしても、楽譜を深く掘り下げ、注意深く音楽と対話していくことで演奏者が表現すべき音楽のイメージをより具体的に描くことはできるはずです。

演奏の場ではよく「良い音」が求められます。しかし「良い音」とは何でしょうか？豊かで、かつ強い音でも決して荒立たない音のことでしょうか？もちろん、それが「良い音」である場面も多いのですが、私の考えは少し違います。「良い音」とは「その場面の音楽表現に最もふさわしい音」だと言えるでしょう。曲が求めているなら「汚い音」こそが「良い音」になることもあるのです。

音色の多彩さが求められることが多い近代フランス音楽の中でも、この《エレジー》が求める表現の幅には特筆すべきものがあります。作曲者が託した表現に応えるためにも、楽譜の中にある音楽にじっと耳を澄ます姿勢と、それを演奏に反映していくための引き出しの多さが演奏者には求められていると言えます。その全てをここに記すことはできませんし、唯一の正解が存在するわけでもありません。理想の演奏への近道はどこにも存在せず、演奏者がそれぞれの表現を模索していくしか道はないのですが、それでも、これからこの作品に取り組む方にとって何らかの道標やヒントになることを願って、これまでの演奏経験を通じて私が感じ考えたことを、一例として以下に示したいと思います。

楽譜から見えること

※ 以下の解説中、□内の数字は練習番号を、[ ]内の数字は小節番号を示しています。

作品は、1オクターヴ内の12の半音すべてが1回ずつ使われたフレーズによって始まります。このフレーズは、信号のように無機質にも感じるかもしれませんが、この捉えどころのなさこそが喪失からくる虚無感と直結しているように思えます。何もないところから波紋が広がりだすような開始です。ベートーヴェンやラインベルガーのホルン・ソナタに見られるように、ホルンの曲といえばファンファーレのような華々しい開始がひとつの型になっていましたが、その中にあって *mf* で始まるこの開始は、前例のない、ユニークなものだといえます。

このホルンのフレーズに呼応するように、2ではピアノがやはり12音のフレーズを奏でますが、ピアノに記されたアーティキュレーションはテヌートであり、ホルンに記されたアクセントとは異なります。しかし、これは2種類の異なる表現を求めているというよりも、同じ表現に行き着くためにホルンとピアノそれぞれの特性に合わせたアーティキュレーションを書き分けているのだと考えたいところです。プーランクは、同じフレーズを同時に演奏しているような場面でも、《六重奏曲 FP100》にみられるように、楽器別に異なったアーティキュレーションを書くことが多いのです。そう考えると、機構上、減衰音しか発することができないピアノが2のフレーズをテヌートで奏でていることは無視できません。表現の統一性を考えるなら、ホルンに付されたアクセントと *mf* は、ファンファーレのように華々しい表現よりも、各音の頭から減衰し、ほどよく抑制された音量を求めているとは考えられないでしょうか。

1 Agitato moltoでの *ff* のフレーズは、強いショックと悲嘆をあらわしているかのようです。髪を振り乱して叫ぶ時に決して

「よく響く声」で叫ばないのと同様に、ここでは、たとえ音が割れたとしても限界を超えた強い表現が求められているように思います。ただし♫♪という16分音符の各音が分離できず潰れてしまうのは避けたいところです。拍頭のアクセントを活かして、短いフレーズのまとまりも作りましょう。*f sec*の指定があるピアノに対して、私は、ホルンの強さに拮抗できるだけの強く鋭い音をピアニストにお願いすることが多いです。

［16］の*gliss.*はブレインの自動車事故の際のブレーキの描写だとも言われています。安全にコントロールして正確な音を演奏するよりも、たとえ上に行き過ぎたとしても、強い衝撃を表現することが必要ではないでしょうか。また、ホルン奏者は、緊張感を保つためにも、このあとピアノが2に入るまでは動かずに完全に静止すべきだと思います。

［16-17］でのピアノのペダル処理には2種類のアプローチが考えられそうです。ひとつは、ほとんどフェルマータのように和音を延ばし、響きの減衰にあわせて自然に音を止める方法。もうひとつは、拍どおりに時間を進め、※の置かれたタイミングで突然ペダルを上げる方法。場合によっては、ペダルを上げる音さえも演奏に取り込んで、ショッキングな表現を行うことも考えられます。どの表現を選んだとしても、再び訪れる2の虚無的な世界への移行には注意をはらってください。

なお、［17］4拍目に記されたピアノの和音は弾き直しません。プーランク特有の記譜法で、音符の左に置かれたタイは直前の音の響きを延ばすことを意味しています。［32］、［46］、［47］や曲末の［188］も同様です。

3 先に出てくる1にくらべて音が低く、楽器も鳴りにくい場面です。人によっては1よりも音量が落ちるかもしれないので、3と等しい音量を確保するための1の設定を考えなくてはなりません。まったく音量を落とさずに演奏できる場合は、ピアノの音量を1と同じく*f*だと考えて演奏した方が良いかもしれません。

［32］末の，と［17］末の𝄐との違いに注目しましょう。𝄐は既出のフレーズに戻るまでの「止まる」時間であり、，は新たなフレーズに進むための「空けられた」時間だと考えられるかもしれません。空間や時間を空けるだけでなく、気持ちにポッカリと穴が空くという考え方もありえます。

4 はじめて弱音の指示（*pp*）が登場します。一般に、フレーズは長くとることが推奨されていますが、ここではスラーどおり1小節ごとに短くとることが大切でしょう。例えるなら落ち葉が宙を舞いながら落ちるのをスローモーションで眺めるように、行きつ戻りつしながら漂う虚無感。［42］の*f subito*は、偉大なホルン奏者を失った事実に改めて気づいた、突発的な衝撃だととらえることはできないでしょうか。しかしその衝撃も、次の小節ではまた静かな悲嘆に飲みこまれます。

［47］でも，と𝄐が明確に使い分けられています。プーランクは、他の作品からもわかるように、次々と新しいフレーズが出てくる作曲家だと言えますが、このエレジーにおいても、哀しみのため冷静に考えている余裕がないままにつぎつぎ紡がれるフレーズ群が特徴的です。この特徴を受け止めるためには、音楽を無理につなげようとせず、突然断ち切り、前触れなく新しく始める演奏の方が理に適っているとも言えます。

5 ホルンは［51］で曲中もっとも繊細なコントロールが求められます。アタック無しで始めるか、アタックをしたとしても頭に存在感がないように、ピアノの響きの中からいつの間にか生まれてきているような溶け込み方で。また、高音ほど音量が出やすいので、［53］の頭までのフレーズ全体を考えて、結果として出てくる音量がなめらかにつながるようにしましょう。練習方法としては、この音型を中音域からアタックなしで吹き、しだいに音域を上げていく方法があります。ただし、記譜の音域まで上がってやめるのではなく、さらに高い音まで出せるような練習を試みてください。それによって、本番でもこの音がより安定して演奏できるようになります。なお、同様の場面が8にも登場します。

［56］に突然出てくる*mf*は、一般的に考えれば［55］の3拍目に置かれるべきでしょう。しかしプーランクはこれを［56］の1拍目に置きました。この突然訪れる衝撃にこそプーランクの意図が隠れているように思えます。

［57］からは再び1小節ごとに区切られた短いフレーズが音楽を支配します。長いフレーズを歌うにはまだ悲しみが癒えていない、と言わんばかりです。

［55］から［60］にかけて難しいのはブレスの扱いです。各フレーズが短いからといってブレスによってフレーズの連結が切れてしまうのは避けたいので、できるだけ短いブレスで、音楽の流れが止まらないよう心がけてください。

ピアノには*ppp*の指示がありますが、その中にあっても、［44］のホルンに由来する、テヌートのついた右手の旋律や低音に耳を傾けないとこの場面が持つある種の暗さが表現できません。また、［44］のホルン同様に1小節のフレーズを守ってください。

6 ピアノだけでも4つの流れが同時進行しますが、その中でもテヌートの付されたF♯音とG音の間を交互に揺れるフレーズが最も重要です。技術的にも難しいですが、旋律が聴こえるように弾いてください。このテヌートは、フレーズを切らずにつなげるためのものとも読めるでしょうし、音を分離するためのものとも読めるでしょう。

［63］から加わるホルンは、［60］からのピアノのフレーズがまだ続いていることを意識しておかなくてはいけません。

［65］のホルンの音価は、初版譜のスコアでは♩♪、パート譜では♩♪と記されています。私は、ピアノに溶け込む時間を確保するために、パート譜よりやや長い2分音符程度に演奏しています。

7 ホルンの*ppp*は吹いているかどうかわからないくらいピアノの中に溶けこみたい音です。5から8までを俯瞰的に眺めると、同じ要素が何度も繰り返されているのに気づきますが、考えを前にすすめることができないような堂々巡りの状況から何が表現されるのか、演奏者の解釈にかかっています。

⑧ ［90］での *molto dim.* の行き先は⑥でのように *p* にもできますが、［93］や［94］の衝撃をより大きくするために *pp* にすることも考えられるでしょう。

⑨ ①や③のフレーズが回帰しますが、より音域が低くなっているため、音量が落ちないように計画とコントロールが必要です。

⑩ 大切なのは、拍の頭に響くピアノ左手のフレーズです。拍裏の和音は、重みを保つためにも不必要に短くならず、充分な長さを保つことが肝要です。

［99］のホルンへの cuivré の指示は「金属的に」の意味です。ストップ奏法と誤解されることもありますが、金属的な荒々しい音が求められています。ただし、［99］は *f*、［104］の naturel は *ff* なので、私の場合は、［99］をややベル・アップで演奏し、［104］の naturel から通常の構えに戻しています。また、この広い音域のフレーズがでこぼこしないように、結果的な音量への配慮も必要です。同時にピアノを聴くことも忘れないでください。

⑪ ホルンは、それまでのピアノの役割を引き継いで拍裏でのアルペジオ音型を受け持ちますが、低音の練習の上ではヨーゼフ・ジンガーの《フレンチ・ホルンのためのアンブシュア練習》(Joseph Singer, ed. Richard E. Ballou: *Embouchure Building for French Horn*, 1985, Alfred Music) の Section I (Tone and Control Studies) から②の課題が有用でしょう。低音の *ff* には息量が必要ですが、切れ切れにはならず音楽を大きく保つようにしましょう。

［113］の最後は8分休符です。最後の音をテヌートで保ったあとで、突如音楽が切れるように。 , (空ける) は、そのために存在していると考えても良いのではないでしょうか。なお、初版譜では、最後の拍で唯一、ピアノ左手の上声部の和音だけが休符なしの4分音符で書かれています。プーランクが意図的に書き分けた可能性と、誤記の両方が考えられるように思います。

⑫ ホルンは、吹いているかどうかわからないほどのため息のようなささやく音で演奏したい箇所ですが、直前までの *ff* でアパチュアが開いているために *pp* の演奏が難しくなっています。口まわりを整え、柔軟で自由度のあるアンブシュアを心がけましょう。

⑬ ピアノのほうが音数が多いですが、ホルンより音が大きくなることのないように注意してください。

⑭ 常にホルンのロングトーンとピアノの音がぶつかり、響きが軋みます。ここにプーランクの心の痛みを感じるのは私だけでしょうか。*mf* の音量とアクセントの度合いによって、表現される痛みの強さが変わってきます。あまりの痛みに、思わずうしろに身を引いてしまいたくなりますが、音楽が調和を求めるのはもっとあとのことです。

⑯ 鳴りにくい音域であることをわかった上でホルンに *ff* が要求されています。豊かな美しい音を求めているのであれば別の書き方をしたでしょうから、ここでは烈しい音が求められているのではないでしょうか。同じフレーズを奏でる［56］からのピアノの低音では、*mf* と *f* が書かれていました。

［145］に *ff* と書いてあるのは、音部記号が変わったことによる確認の意味での *ff* だと思われますが、次の［146］に書かれている *mf* は、鳴りやすい音域を考慮した記号と読むこともできるでしょうし、烈しさからやや解放されたものと読むこともできるでしょう。⑮以降、低声部以外のピアノには一貫して *mf* が指定されていることも、解釈を定める上での道標になるかもしれません。

［146］の3拍目では、他の声部が8分休符で音楽を断ち切る中、ピアノの低音だけが響きを残すように書かれています。単なる誤記の可能性も考えられますが、［113］との類似点も考え合わせた上での判断が必要です。

［147］からの3小節は⑰に向かう経過部分ですが、私は天国的な悲しさの中で音が上に登っていくイメージを抱いています。［149］のホルンは、ため息でありながら、上に向かうようなイメージで。

⑰ son bouché (ストップ音で) とともに vibré expressif (表情豊かなヴィブラートで) の指定がありますが、表情をこめたヴィブラートを考える上で、当時フランスで主流だったホルンの演奏様式を無視するわけにはいきません。ルシアン・テヴェ (Lucien Thévet, 1914-2007) らの録音が当時の演奏様式を今に伝えてくれます。ただしデニス・ブレインの演奏様式はこうしたスタイルとは一線を画したものでした。また、プーランクが敢えてこの箇所にだけヴィブラートの指定を書き入れたということは、他の箇所ではヴィブラートを望んでいないのだとも考えられます。

長いフレーズを奏するホルンに対して、ピアノは1小節ごとの短いフレーズを重ねていきますが、［156］からはじめて、ホルンとピアノが同期し2小節のフレーズを奏ではじめます。この曲の重大な局面ですが、しかし、ホルンは出来る限り存在感を感じさせずに、ここでの主役であるピアノを支えなくてはいけません。決して階段状のスラーや後押しになることなく、美しいレガートを描きたいものです。ピアノにスラーが書き込まれているのは右手だけですが、このスラーは、このあとの⑲とともに、ピアノ全体に対してのものだと考えるべきでしょう。

⑱ ピアノの最上声部は一条の光であり。ホルンも含めた他のすべての声部が暗闇であると言えます。*pp* のホルンをピアノの音が透けて見えるほど薄い音で奏すると、アンサンブルが安らかな眠りのような美しさを描くことができるでしょう。

⑲ ホルンに旋律が移りますが、⑱でのピアノと同じく、光が差すように。朗々と歌ってしまわないよう注意が必要です。

［177］からは和音が複雑化するのにあわせるように音量が増大していきます。階段状の音量指定をした理由があるはずですから、音と音の間を *cresc.* で繋がないようにしましょう。［179］

の最後でホルンには8分休符が与えられていますが、ピアノは、休むことなく［180］の **ff** へと音楽の歩みを進めます。このピアノの表現の重さを受け止めるために、［180］1拍目に置かれたホルンの4分休符は、テンポどおりよりは少し長めに時間を取ってみてはどうでしょうか。

[20] ブレスをせずに一息でフレーズを吹くのが理想的だと思いますが、無理な場合には［184］の **sf** の直前で少し時間を空けてみてはどうでしょうか。**sf** のもつ衝撃を受け止めるだけの余白をつくることができます。また、この後の **pp** のためにも **sf** を大きくしすぎないようにしてください。**pp** からの ⟩ がうまくいくと、ホルンはピアノの響きの中へ溶け込むことができます。

［185］で響くピアノのB♭音は、自然倍音の中の音だとも言えますし、長三和音には収まらない、解決しない音だと見ることもできるでしょう。どう受け止めるかは、聴く人それぞれに違って当然なのかもしれませんが、このB♭音だけ少し長めに残して終わるなど、演奏者にも解釈の余地は残されています。

楽曲への取り組み

一般に、新しい作品に取り組む際には曲の背景を調べることが大切です。標題音楽であれば題材を調べるのは当然として、そうでない場合にも、作品がどういう状況から生まれた作品なのかを知ることが、曲を知る上での手がかりになります。たとえば作品と同時代の美術に触れ、作曲家の伝記を読んでいくことが、当時の風習を知り、神格化されていない等身大の作曲家の存在を身近に感じることにつながるかもしれません。この《エレジー》にしても、例えばベートーヴェンのように深刻な作品を多く書いた作曲家の作品であったならさほど異質ではないかもしれませんが、《フルート・ソナタ》に代表されるように天真爛漫な作品を多く残したプーランクの作品だと理解することで、作品の特異な重みやメッセージ性を受け止められるように思うのです。

一方で、楽譜を読み練習を重ねることも当然大切です。しかし、単に自分の音を闇雲に練習するだけでは不十分です。和音の構成や調の持つ色合い、曲の中での雰囲気の移り変わりを感じるということ、ある旋律が和音の中のどの役割の音から始まるのか知っておくことが大切ですし、最終的には、アンサンブルの中で自分が担っている役割に常に気を配りながら、作品にとって必要な音を判断できる耳と感覚が求められます。ソルフェージュや和声の知識・訓練は、理論であると同時に、このような音楽家としての能力を磨いていくための方法でもあります。

幅広い楽譜の読み方が要求されるこの《エレジー》は、そうした能力を育てる上でも欠かすことのできない重要な作品です。

(ふくかわのぶあき＝NHK交響楽団首席ホルン奏者)

楽語対訳一覧

　　　　　　　　　　　　　　　　　　　　　　小節番号

agitato molto
とてもかきたてられて、激しく興奮して ……………… 9

bien doux
ほどよく柔らかく ……………………………………… 51

bien lié
ほどよくレガートして ………………………………… 164

cuivré
金属的に ………………………………………………… 99

laisser vibrer
余韻を残して、音が響くままに ………………………… 33

long
長く ……………………………………………………… 47

marquer très doucement le chant
旋律をそっと目立たせて ……………………………… 48

mettre beaucoup de pédale
ペダルをたっぷり使って ……………………………… 48

naturel
（直前のcuivréに対して）通常の奏法で ……………… 104

ouvert
（son bouchéに対して）開いて、オープンで ………… 155

prendre le tempo exact du No. 5
厳密にNo.5と同じテンポで …………………………… 33

respecter le doigté
指使いを大切にして …………………………………… 170

sans changer la pédale jusqu'à la fin.
終わりまでペダルを踏み替えずに ……………………… 180

　　　　　　　　　　　　　　　　　　　　　　小節番号

sec
歯切れよく、乾いた音で ………………………………… 9

son bouché
ストップ音で …………………………………………… 150

strictement en mesure
厳密に拍子どおりに …………………………………… 186

subito
ただちに ……………………………………………… 42, 43

surtout sans presser
くれぐれも速くせずに ………………………………… 150

tempo agitato
agitatoのテンポで、とてもかきたてられた速度で …… 25

tempo calme
calmeのテンポで、穏やかなテンポで ………………… 18

tenu (= tenuto)
テヌートで、音の長さを十分に保って ………………… 45

très calme
とても静かに、とても穏やかに ……………………… 1, 33

très calme expressif
とても穏やかに表情豊かに …………………………… 114

très sec
とても鋭く、乾いた音で ……………………………… 17

très soutenu (= molto sostenuto)
（音の長さを）よく保って …………………………… 110

vibré expressif
表情豊かなヴィブラートで …………………………… 150

福川伸陽（ホルン）

「福川伸陽のホルンの響きが聴こえてくると、世界が一瞬にして変化するような気がする。ここではない世界のどこからか、不意に風が吹きわたってくるかのように。」(毎日新聞)

「技のデパート」(音楽の友)

「日本のホルン演奏の歴史を変えたといっても過言ではない」(日本ホルン協会)

2008年、第77回日本音楽コンクール ホルン部門第1位受賞。

ソリストとして、小林研一郎、沼尻竜典、下野竜也、手塚幸紀、梅田俊明、藤岡幸夫、鈴木優人らの指揮者と、日本フィルハーモニー交響楽団、東京フィルハーモニー交響楽団、N響メンバーによる室内オーケストラ、横浜シンフォニエッタ、東京ユニバーサル・フィルハーモニー管弦楽団他と共演している。

国内外の重要な指揮者、演奏家の信頼も篤く、特にライナー・キュッヒル(ウィーン・フィルハーモニー管弦楽団コンサートマスター)、ハインツ・ホリガー(オーボエ奏者、作曲家)との共演は記憶に新しい。

全国各地においてホール主催のコンサートシリーズにも数多く招かれており、「ラ・フォル・ジュルネ・オ・ジャポン」「東京・春・音楽祭」をはじめとする音楽祭にも多数出演。

ホルンのレパートリーの拡大をライフワークとして、作曲家への委嘱や世界初演を積極的に行っている。福川伸陽のために書かれた作品は、吉松隆「Spiral Bird Suite」、藤倉大「PoyoPoyo」、田中カレン「魔法にかけられた森」、川島素晴「Rhapsody in Horn」、酒井健治「告別」、鈴木優人「世界ノ雛型」「モーツァルティアーナ」など数十曲に及ぶほか、現在、藤倉大にホルン協奏曲を委嘱している。

ソロ活動はフレンチホルンの分野に留まらず、ナチュラルホルン、ウィンナーホルン、フランス式ピストンホルンなどのピリオド楽器にも及び、特にバロックホルンにおいてはバッハ・コレギウム・ジャパンへも客演した。

近年は室内楽にも力を入れ「N響精鋭メンバーによるハルモニームジーク」やソリスト達で構成される木管アンサンブル「東京六人組」などで積極的な活動を展開。リサイタルや室内楽、協奏曲の演奏は、NHK、テレビ朝日、フジテレビをはじめ、ドイツ、イタリアなどでも放送された。

20歳より日本フィルハーモニー交響楽団の首席奏者を務め、2013年、NHK交響楽団に入団、2015年には首席奏者に就任した。

ホルンを丸山勉、故田中正大、ブルーノ・シュナイダー、デヴィッド・パイアット、ジョナサン・リプトンの各氏に師事。在英時にはロンドン交響楽団にも客演した。

キングレコードよりソロCD「Rhapsody in Horn」「ラプソディ・イン・ホルン 弐」「Rhapsody in Horn III」をリリースしている。

オフィシャルウェブサイト　www.nobuaki-fukukawa.com

プーランク　エレジー　ホルンとピアノのための

2016年4月10日　第1刷発行

解説者　福川伸陽
発行者　堀内久美雄
　　　　東京都新宿区神楽坂6の30
発行所　株式会社 音楽之友社
　　　　電話 03(3235)2111(代)　〒162-8716
　　　　振替 00170-4-196250
　　　　http://www.ongakunotomo.co.jp/

609560

© 2016 by ONGAKU NO TOMO SHA CORP., Tokyo, Japan.

落丁本・乱丁本はお取替えいたします。
Printed in Japan.

この音楽著作物の全部または一部を権利者に無断で複製(コピー)することは、著作権の侵害にあたり、著作権法により罰せられます。

装丁：吉原順一
印刷／製本：(株)平河工業社